(N° 220)

DEUXIÈME VENTE DE M. L. JOLY

Vente du Jeudi 15 Décembre 1910

HOTEL DROUOT — SALLE N° 8

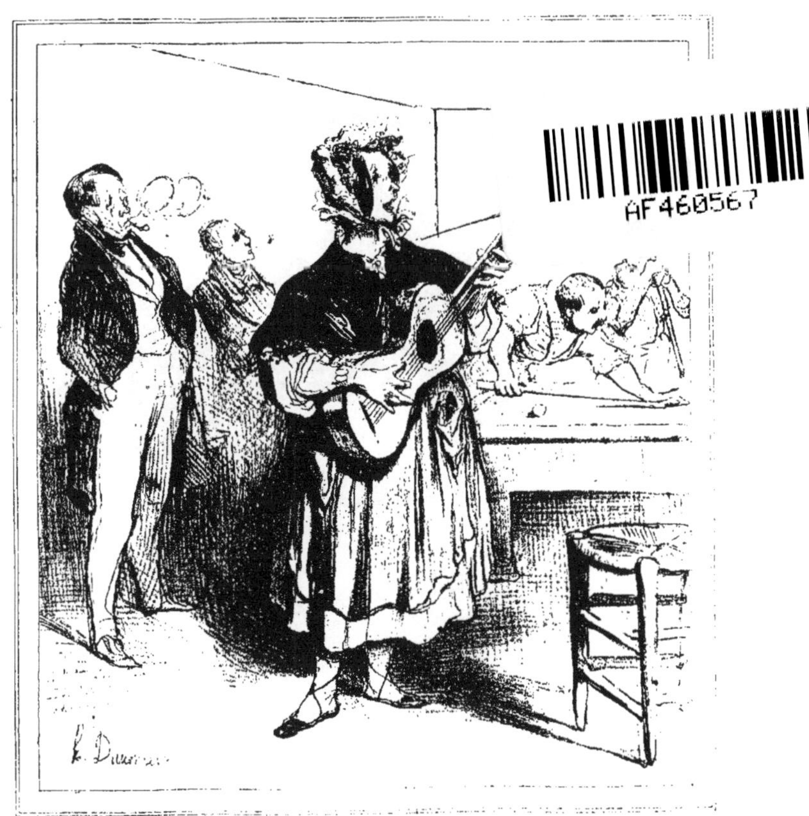

N° 62 du Catalogue

ESTAMPES
MODERNES

Me ANDRÉ DESVOUGES

M. LOYS DELTEIL

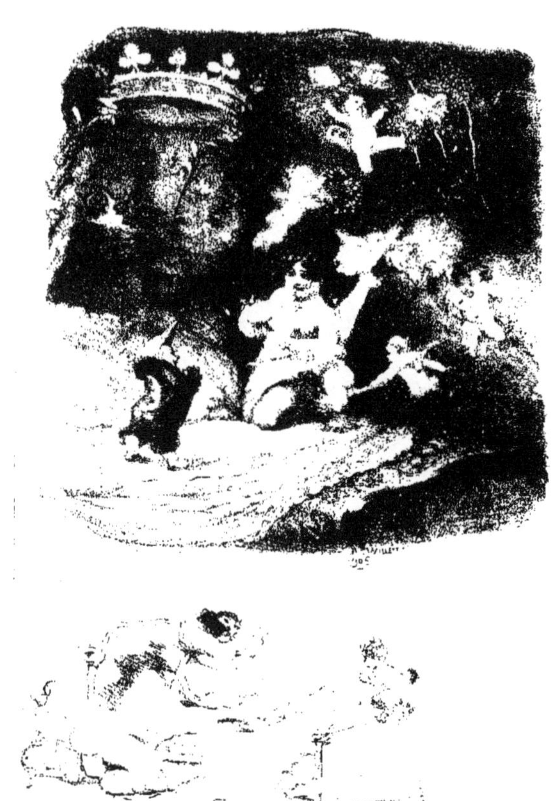

N° 510 du Catalogue

SOYE, GRAVEUR IMPRIMEUR
PARIS, 158, 157, RUE MONTMARTRE.

CATALOGUE

DES

ESTAMPES

MODERNES

Composant la deuxième Vente de M. L. JOLY

Dont la vente aura lieu

à Paris, HOTEL DROUOT, Salle N° 8

Le Jeudi 15 Décembre 1910

à 2 heures précises

Par le Ministère de Mᵉ ANDRÉ DESVOUGES

COMMISSAIRE-PRISEUR

26, *Rue de la Grange-Batelière*

Assisté de M. LOYS DELTEIL, Artiste-Graveur Expert

2, *Rue des Beaux-Arts*

CONDITIONS DE LA VENTE

Elle sera faite au comptant.

Les adjudicataires paieront *dix pour cent* en sus des enchères.

M. LOYS DELTEIL remplira les commissions que voudront bien lui confier les amateurs ne pouvant y assister.

MM. les amateurs pourront visiter la collection, 2, *rue des Beaux-Arts*, du Lundi 12 au Mercredi 14 Décembre 1910, de 2 heures à 5 heures.

DÉSIGNATION

ADAM (Victor)

1. *Panidochème ou toutes sortes de Voitures* 1828, couverture et suite de 12 pl. Très belles épreuves sur chine.

2. Le Bien et le Mal, Alphabet, Macédoine, etc., 75 pl.

3. Alphabet (complet) — Le Bien et le Mal, 44 pl. en 1 alb. in-4 obl. cart. — Alphabet et chiffres, 9 pl. en cahier.

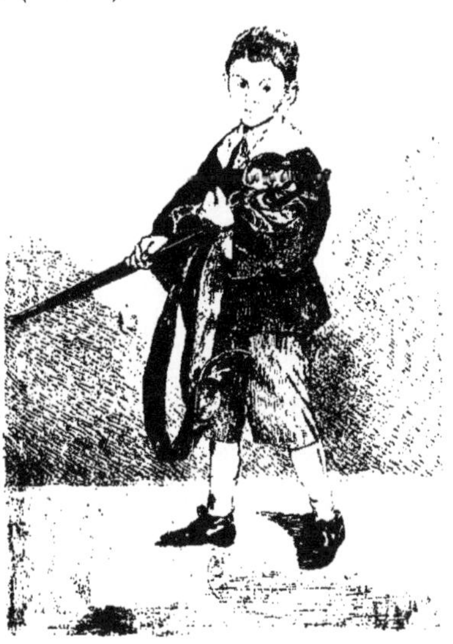

N° 151 du Catalogue.

ADRESSES et PROGRAMMES

4. Polantru Curtet Tabletier, n° 217 (Galeries de bois, Palais Royal). Lithographie. Très belle épreuve. Rare.

5. Adresses de L. Joly, 4 eaux-fortes par Heidbrinck.

6. Collection complète des programmes du Théâtre Libre (par Lautrec, Forain, Raffaelli, etc.).

AFFICHES

7. Affiches par Grasset, Willette, Lebègue, etc. 20 pl.

BÉJOT (Eugène)

8. Le Pont des Sts-Pères — Quai de la Rapée? Deux pièces sur japon, *signées*.

9. L'Estacade — Le Palais-de-Justice — Le Carreau des Halles — Bords de la Seine. Quatre pièces, *une imp. en couleurs*. Très belles épreuves.

10. Vues de Paris, 10 pl. Très belles épreuves, *signées*.

11. Vues de Paris, 6 pl. — Cannes, 3 pl., soit 9 pl. *signées* (sauf deux).

12. Vues de Londres, 1903. Trois pièces. Très belles épreuves, *signées*.

13. Vues prises à Joinville-le-Pont, Nemours et Nogent, 16 pl. *signées*.

14. Vues prises au Golfe Juan, à Cannes et à Cauterets, 23 pl. Très belles épreuves, *signées*.

15. Figures et Animaux. Trente-quatre pièces, plusieurs rares. Très belles épreuves.

16. *La Seine dans Paris*, Paris, Joly, 1892, couverture et 7 pl. sur japon, *signées*.

BESNARD (P. A.)

17. Le Coucher de la poupée — Femme nue assise — Quatre Têtes de Femmes. Quatre pièces. Belles épreuves.

BINET (R).

18. Esquisses décoratives, Paris, E. Lévy, s. d. couv. et 49 pl. tirées la plupart en couleurs.

BLÉRY (Eugène)

19. Plantes variées, couverture et 17 pl., la plupart *signées*.

20. Paysages, 33 p. Belles épreuves sur chine.

BODMER (Karl)

21. Eaux-fortes : Animaux et Paysages, couverture et 22 pl., plusieurs en *épreuves d'état*, rares.

22. Animaux divers, 63 pl. (procédé Comte). Belles épreuves.

23. La Nature chez elle, par Th[le] Gautier — Paris, 1882. — Exempl. cart. (quelques piqûres).

BONHEUR (Rosa)

24. Bergerie, 3 épreuves. — Étude de Taureau. Quatre pièces,

BONINGTON (R. P.)

25. Tour du Gros-Horloge, Evreux — Église St-Gervais, Gisors. — Tour des Archives, Vernon, 3 pl. sur chine.

BONINGTON (d'apr. R. P.)

26. *A Series of Subjects from the Works of the late..... Drawn on Stone by J. D. Harding* — London, Carpenter, 1829 — Bel exempl. cart. d'éd. — Épreuves sur chine.

BOUCHOT (F.)

27. Les Quartiers de Paris, Croquis du Jour, Ce que parler veut dire, etc., environ 120 pl.

28. Titres de romances. Réunion de 020 pl. *avant la lettre* (sauf une vingtaine), quelques doubles.

BOUTET (H.) — SOMM (H)

29. Types de Parisiennes — Six Pointes sèches — Paris, Joly. Deux albums.

BRACQUEMOND (F.)

30. Le Haut d'un battant de porte (110). Belle et rare épreuve *avec la date de 1852*.

31. Le Pêcheur et les deux Enfants (tâche d'huile) (120). — Panurge (126) — Ils s'en allaient (125) — Vanneaux et Sarcelles (175). Quatre pièces.

32. Portraits, sujets, paysages, 12 pl. Belles épreuves.

BUHOT (Félix)

33. L'Hiver à Paris — Le 20 mars au Palais des Champs-Elysées — Un Grain, etc. 5 pièces.

BUTIN (U.)

34. Femmes au cabestan, 35 épreuves sur japon.

CALDAIN (Jean de)

35. Allégories mystiques, 5 pl. sur chine, *signées*.

CARPEAUX (J. B.)

36. Marcellin (J. Esprit), sculpteur. (Loys Delteil 11). Très belle épreuve sur japon.

CARRIÈRE (Eugène)

37. Maternité. Deux belles épreuves, *tirées en bistre*.

38. Fillette aux yeux noirs. Belle épreuve *tirée en sanguine*.

39. La Lecture. Belle épreuve sur chine, *signée*.

40. Rodin (Aug.). épreuve d'essai sur chine.

CHAM

41. Deux vieilles Filles vaccinées à marier, 1 alb.

CHAMPOLLION (A. E).

42. Le Décavé. d'apr. Orchardson. Belle épreuve *avant la lettre*, sur japon.

CHARLET (N. T.)

43. *Croquis à la Manière Noire, sujets philosophiques, populaires*. — Titre et 12 pl. in-fol. tirées sur teinte.

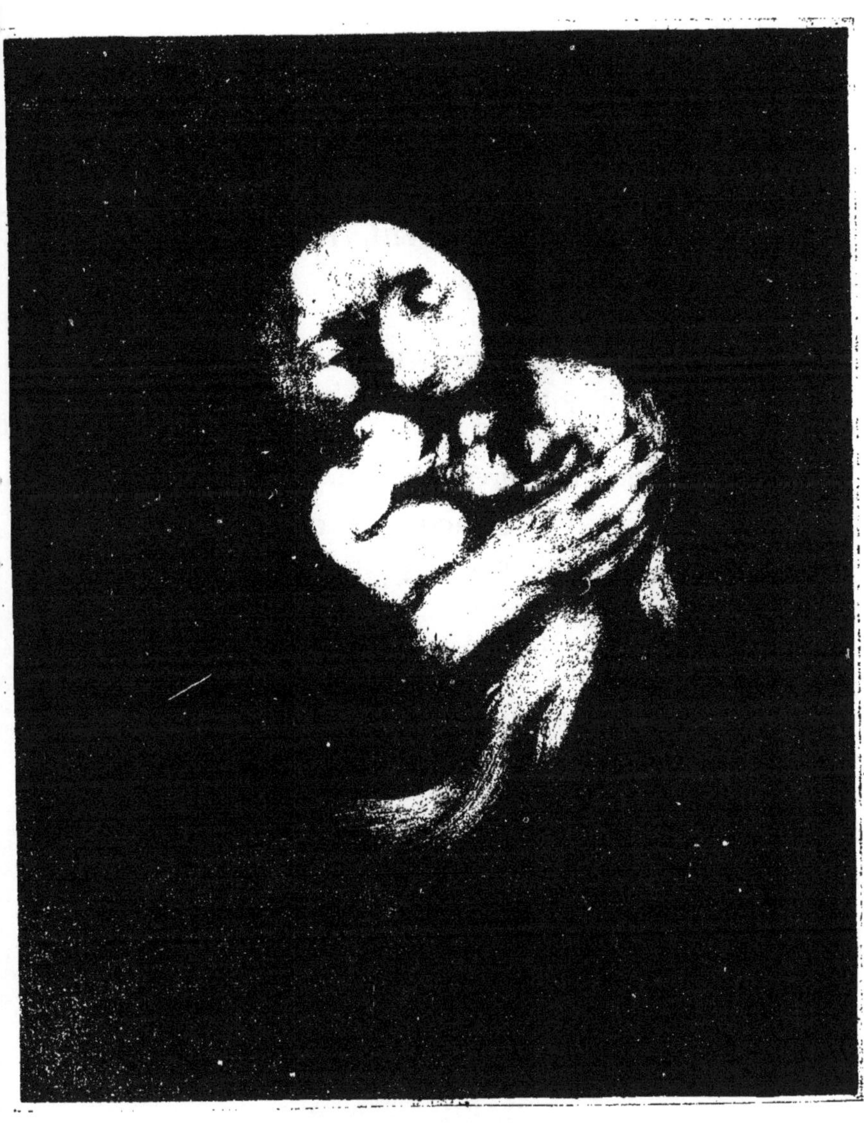

N° 37 du Catalogue.

44. Sujets divers, 50 pl. en 1 alb. in-4° obl. cart. (cassures à plusieurs pl.).

CHASSÉRIAU (Th.)

45. Apollon et Daphné, 5 épreuves sur chine.

CHAUVEL (Th.)

46. Coin de bois, d'apr. J. Dupré, 18 pl. *av. l. l.* chine ou japon.

CHAVANNES (Puvis de)

47. Buste de Fillette. Deux belles épreuves *signées* et *numérotées*.

48. Normandie, épreuve d'essai.

COROT (J. B. C.)

49. Un Lac du Tyrol (4). Belle épreuve *tirée en sanguine*. Rare.

50. Souvenir d'Italie (5) — Environ de Rome (6). Deux pièces. Belles épreuves.

51. Paysage d'Italie (7). Trois belles épreuves.

52. Souvenir de Toscane (L. D. 1) — Campagne boisée (8). Deux pièces. Belles épreuves.

COURTRY (Ch.)

53. Eglise St-Pierre, à Caen, 27 pl. la plupart *av. l. l.* Un Martyre, d'apr. Leloir, 21 pl. *av. l. l.* Ensemble 48 pièces.

DACHERY — LŒVY — APOUX

54. Danseuses — Les Etoiles — Pointes sèches. Quatre suites, Paris, Joly.

DARJOU — BARIC

55. Les Plaisirs de Baden, 28 pl. (sur 30) — Voyage comique et pittoresque en Bretagne, 20 pl. — Où diable l'esprit va-t-il se nicher, 18 pl. — 3 alb.

DAUBIGNY (C. F.)

56. Lever de lune (F. H. 89), état — Pommiers à Anvers, *av. l. l.* Deux pièces. Belles épreuves.

57. Paysages divers, 35 pl. y compris plusieurs doubles.

DAUMIER (H.)

58. Souvenir de Ste Pélagie, grande pl. (225). Bonne épreuve.

59. Les Annonces, pl. 1 (597). Belle et fort rare épreuve du 1er état, *non décrit, avant la lettre.*

60. Caricaturana, pl. 74 (1064). Belle et rare épreuve du 1er état, *non décrit, avant la lettre* (piquée).

61. Caricaturana, pl. 1 à 4, 7, 24, 26, 28, 32, 37, 43, 54, 55, 71 et 72, soit 15 pl. (989 et suiv.)

62. La Cigale (1210). Belle et fort rare épreuve du 1er état *non décrit, avant toute lettre.*

63. Le Lierre, plante parasite (1211). Belle et fort rare épreuve du 1er état, *non décrit, avant toute lettre.*

64. Croquis d'expressions. pl. 1, 7, 15, 30 à 32, 34, 35, 37 et 38, soit dix pièces.

65. Galerie physionomique, pl. 1 à 3, 12 et 20, soit 5 pl. (1823 et suiv.) Belles épreuves.

66. Mœurs conjugales, pl. 1 (2079). Belle et très rare épreuve du 1er état, *avant la lettre.*

67. Proverbes et Maximes, pl. 12 (2460). Très rare épreuve du 1er état, *non décrit, avant la lettre.*

68. Pipelet répétant son sourire de Décembre (3803) — Le Pipelet du Lendemain (3805). Deux pièces. Très belles et très rares épreuves *avant la lettre.*

69. Scènes de Mœurs appartenant à diverses séries, 12 pl.

70. *Petits tableaux de la Vie parisienne,* titre et 20 pl. par Daumier, Ed. de Beaumont et Ch. Vernier, en 1 alb. in-4° cart. d'édit.

DELAUNEY (A.)

71. Notre-Dame de Paris, 2 vues différentes *avant la lettre.*

DELACROIX — MANET — FORAIN

72. Lionne devant un cheval — Tigre — Juive d'Alger, 1er état — La Convalescente — Au Bar. Cinq pièces. Belles épreuves (la 2e tachée).

DIDIER (Ad.)

72 *bis.* Pastorella, d'après E. Hébert, 10 ép. *av. l. l.* chine ou japon.

DIVERS

73. Aretin (P.), 20 épreuves — Sujets et paysages, 14 p. par L. Gautier, Flameng, Didier, etc. Ensemble 34 pièces.

74. Sujets divers et Paysages, 65 pièces.

75. Sujets religieux et divers, Vignettes pour les Chansons populaires de la France, etc., 48 pl. par Follet, Mercuri, Prudhomme, etc., y compris plusieurs doubles.

76. Sujets divers, vignettes, 39 pl. par ou d'apr. Ledieu, Léandre, Gilbert Martin, Vallotton.

77. Sujets divers et Paysages, 100 pièces.

78. Sujets divers et Paysages, 120 pièces.

79. Sujets divers et Paysages, 25 pl. in-fol., la plupart *avant la lettre.*

80. Sujets divers et Paysages, 28 pl. par J.-L. Brown, Steinlen, Chéret, de Groux, etc.

81. Sujets divers, d'apr. Rembrandt, Millet, Delacroix, E. de Beaumont, en épreuves en nombre, 155 pl. la plupart *av. l. l.*

82. Sujets divers et Paysages, 72 pl. par Bodmer, Adam, Lalanne, etc.

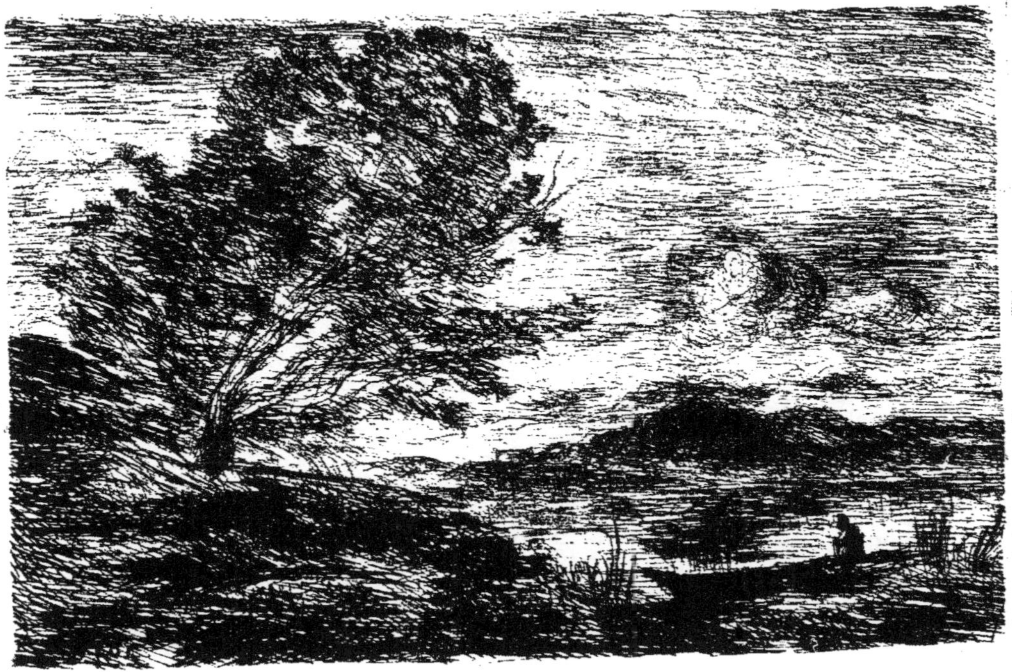

N° 40 du Catalogue.

83. Sujets divers et Paysages, 38 pl. in-4° et in-fol.

84. Sujets divers et Paysages, 59 pl. la plupart *av. l. l.*

85. Sujets divers et Paysages, 89 pl. en partie *av. l. l.*

DORÉ (G.)

86. *The Rime of the Ancient Mariner*, London, 1875 — 1 vol. in-fol. cart. de publ.

DUPRÉ (Jules)

87. Pacage du Limousin (L. D. 1) — Moulin de la Sologne (2) — Vue prise en Normandie (3), 1er état — Vue prise à Plymouth (4), 1er état — Vue prise en Angleterre (5) — Bords de la Somme (6), 1er état. Six pièces. Belles épreuves.

FANTIN-LATOUR (H.)

88. Etude pour Eve. Deux belles épreuves, sur chine et japon.

89. Compositions pour le *Berlioz* et le *Wagner*, d'Ad. Jullien. Onze pièces. Très belles épreuves sur chine, grand papier.

90. Sujets divers, 8 planches sur chine (sauf une).

91. Le Mage Balthazar et Fatime — Vision — A. Berlioz, etc. 8 pl. sur chine.

FORAIN (d'ap. J.-L.)

92. Doux Pays, Psitt, etc., 44 pl. tirage à part.

FORTUNY (M.)

93. Kabile mort. Belle épreuve.

FORTUNY (d'apr.)

94. Le Déjeuner, par G. Greux, 115 épreuves *avant la lettre.*

FRAGONARD (d'apr. H.)

95. Illustrations des Contes de La Fontaine, réimpression de l'édition de Didot — 1882 — 70 pl. en noir ou sanguine.

GAILLARD (C.-F.)

96. Tête de cire (36). Très belle épreuve *avant la lettre*, sur chine.

97. L'homme à l'œillet, d'apr. Van Eyck (25). Très belle épreuve sur chine, *avec* la 1re adresse.

98. La même pièce. Trois belle épreuves sur chine.

99. Chateaubriand, d'apr. Girodet — L'Homme à l'œillet, d'après Van Eyck, 2 épreuves. Trois pièces.

100. Portraits et sujets divers, 10 pièces.

101. Portraits et sujets divers, 10 pl. Belles épreuves.

GAUTIER (Lucien)

102. Vues de Paris, 14 pl. *avant la lettre*, sur japon.

103. Paysages, 6 pl. in-fol. eaux-f. originales ou d'après Corot. Belles épreuves.

104. Vues et Paysages, 9 pièces.

GAVARNI

105. Paris le matin, les Etudiants de Paris, les petits Malheurs du bonheur, etc., 23 pl. coloriées en 1 alb. in-4°, cart.

GONCOURT (J. de)

106. Mlle Mayer (39) — Le Pantin de Mlle Marcille (71) — Couseuse, 1er et 2e états (72). Quatre pièces. Belles épreuves.

GOYA (F.)

107. Portraits équestres, 6 pl. d'apr. Velasquez. Tirage postérieur.

108. Les Caprices, copies par M. Ségui. Suite de 80 pl. en 1 alb. in-8 dem. rel.

GRASSET, WILLETTE, ROEDEL, etc.

109. Sujets divers et Compositions décoratives, 17 pl. plusieurs tirées en couleurs.

GROUX (Henry de)

110. Coin de campagne dévastée — Quant les bourgeois — Ex-libris — Le Fossoyeur des vivants — Une Séance à l'Académie — La lisière des forêts — L'Enthousiasme du Carnage. Sept pièces. Très belles épreuves, *signées*.

111. Une séance à l'Académie — L'Enthousiasme du Carnage — Quand les bourgeois dorment, 28 épreuves, *signées*.

GUILLAUMOT (A.)

112. Costumes, frontispice et 49 pl. *av. l. l.*

HADEN (F. Seymour)

113. Vue prise d'une fenêtre de la maison de l'artiste (42). Très belle épreuve.

114. Battersea reach (45). Très belle épreuve du 1er état.

HANRIOT (Jules)

115. Vignettes pour les *Nouvelles Amoureuses*, de Ch. Aubert, 115 pl. y compris des doubles en épreuves d'états.

HARDING (J.-D.)

116. *J.-D. Harding's Lithographic Drawing-book...*

1837 — 6 livr. in-4° obl., avec 24 pl. sur chine en feuilles.

117. *Hullmandel's Lithographic Drawing-book...* 1834 — 6 cahiers in-4° obl.

HARPIGNIES — HADEN — LEHEUTRE

118. Paysages. Trois pièces. Belles épreuves.

HEIDBRINCK (Oswald)

119. Le Graveur — Le Peintre — Sur la Plage — Les Cartes — Farniente — La Jarretière — Au Marché au Fleurs. Sept eaux-fortes. Très belles épreuves.

120. Baigneuses et Sujets divers, 19 eaux-fortes. Très belles épreuves.

121. *Croquis lithographiques de Heidbrinck*, Paris, Joly, s. d. Couverture et 7 pl. Belles épreuves, 4 exempl.

122. Atelier Lemercier, lith. tirée à quelques exemplaires seulement.

HERVIER (Adolphe)

123. Foire de village — Cour de Ferme — Marines, etc. Six pièces. Très belles épreuves.

124. Paysages et Marines. Six pièces. Belles épreuves sur chine.

125. Marines, 8 pl. (*une avant la lettre*).

126. La Lessive, lithographie, 11 épr. sur chine.

127. Environs de Caen — Sujets divers et Paysages, 9 pl.

ISABEY (Eugène)

128. Bord de Canal (G. H. 1) — Vue de Caen (2) — Vue de Rouen (3) — Souvenir de Bretagne (4-5). Suite de 5 pl. Belles épreuves (3 sur chine).

129. Vue de Caen (2) — Retour au port, petite pl. (8) — Souvenir de St-Valéry-sur-Somme (9). Trois pièces. Belles épreuves (une sur chine).

ISABEY (J.-B.)

130. Eug. Isabey, 1er état — Mme H. Vernet ? — Baptiste aîné, par Grevedon. Trois pièces.

131. — Vues d'Italie, 23 pl. Belles épreuves.

JACQUE (par et d'après Ch.)

132. Grandes Pastorales. Quatre pièces *avec remarques*, sur parchemin, *signées*.

JACQUEMART, HÉDOUIN, RAJON, PATRICOT

133. Sujets divers, d'ap. Meissonier, G. Moreau, etc., 10 pl. la plupart *avt l. l.*

JACQUET (Jules)

134. Scènes militaires, d'ap. E. Meissonier. Deux pièces *avec remarques*, sur parchemin, *signées*.

JAPHET (A.)

135. *Mon Village, les Autorités*, Paris, s. d. couverture et 5 pl. *coloriées*.

JONGKIND (J.-B.)

136. Démolition de la rue des Francs-Bourgeois-St-Marcel (18). Neuf belles épreuves sur japon.

JOURDAIN (H.)

137. *La Parisienne, fin XIXe siècle*, Paris, Joly, couverture, titre en 2 états et 3 pl. Trois exempl.

LALAUZE (Ad.)

138. Souvenir de Longchamps, d'ap. Detaille, 33 épr. sur chine ou japon.

LÉANDRE (Ch.)

139. Sujets divers, 10 pl. sur chine.

LEHEUTRE (G.)

140. Les Bateaux Parisiens, Auteuil. Belle épreuve, *signée* et *numérotée*.

LEGROS (Alph.)

141. La Charrue. Deux très belles épreuves sur chine.

142. Charity — La Charrue — Souvenirs des Funambules, etc. 5 pl.

LELOIR (Maurice)

143. Illustrations pour ? 200 pl. par Huyot, *tirées hors-texte.*

LEMUD (A. de)

144. Beethoven, 1863. Belle épreuve.

145. Maître Wolfframb — Hélène Adelsfreit. Deux pièces.

LE POITTEVIN et RAMELET

146. Diableries, 18 pl. (manquent de conservation).

LE RAT-BAUDRAN

147. Anonyme, d'ap. Holbein — A. van Stalbent, d'ap. Van Dyck, 28 épr.

LHERMITTE (L.)

148. La Sortie, d'ap. Willems, 26 épreuves *avant la lettre*, chine ou Japon.

LITHOGRAPHIES

149. Sujets divers et Paysages, 53 pl. par Chauvel, Leroux, Félon, etc.

MADOU — CHAM — BERTALL

150. Etrennes pittoresques, 40 rébus (manque 1 pl.) — En Italie, 30 pl. — Les Communeux de Paris, 1 vol.

MANET (Ed.)

151. L'Enfant à l'Epée, tourné à gauche (M-N. 52). Très belle et rare épreuve du 2e état (sur 4).

152. Lola de Valence. Très belle épr. du 4e état (sur 5).

MEISSONIER (d'apr. E.)

153. La Confidence, par Vion — Une Lecture chez Diderot, par Monziès — The Sign Painter, par A. Jacquet. Trois pièces sur japon, les deux premières *avt l. l.*

154. Sujets divers, 17 pl. par Flameng, Waltner, Ruet, etc. la plupart *av.' l. l.*

MEISSONIER, DETAILLE, DESBOUTIN, etc.

155. Sujets divers et Portraits, 7 pl. la plupart *av' l. l.*

MERYON, JACQUE, CAMERON, LEMUD, etc.

156. Sujets divers et Paysages, 15 pièces.

MILLET (J. F.)

157. La Bouillie (L. D. 17). Belle épreuve.

158. La grande Bergère — La Bergère assise. Copies. Belles épreuves.

MONGIN (A.)

159. Intérieur de Ferme, d'ap. J. Dupré. Vint pl. *av' l. l.* chine ou japon.

MONNIER (Henry)

160. Planches de croquis. Quatre eaux-fortes. Très rares.

MOUILLERON (A.)

161. Sujets divers, 34 pièces.

PARRISH (Stephen)

162. Fisherman's Houses Cape Ann. Très belle épreuve.

PORTRAITS

163. Portraits divers, 25 pl. par Forster, Chenay, Thévenin, etc. en partie *avant la lettre.*

RAFFET (A.)

164. Planches pour le Siège de Rome, Siège d'Anvers, Voyage en Russie, etc., 35 pièces.

165. Sujets divers, 14 pièces.

166. Armée Française, 20 pl. par Ch. Collin, tirées sur teinte.

RAJON, CHIFFLART, BOURGET, etc.

167. Sujets divers, Portraits, Caricatures, 96 pl. y compris des doubles.

RECUEILS

168. L'Illustration nouvelle, 1re année, 1868, 45 pl. en 1 alb. in-fol. cart.

169. Sous ce n°, il sera vendu en plusieurs lots, onze recueils.

REDON (O.), LUNOIS, DILLON, etc.

170. Sujets diverrs et Paysages, 21 pl. Belles épreuves.

RENOIR (Auguste)

171. Baigneuse et Deux fillettes. Deux sujets sur la même pierre. Très belle épreuve. Rare.

RENOUARD, WILLETTE, etc.

172. Sujets divers, 11 pièces.

RIBOT, BONVIN

173. Sujets divers, 7 pièces.

ROCHEBRUNE (O. de)

174. La Ste-Chapelle de Paris. Belle épreuve.

175. Chambord, 3 vues. Belles épreuves.

176. Pierrefonds — Azay-le-Rideau. Quatre pièces. Belles épreuves.

177. Son Portrait — Vues de France (Bretagne notamment), 24 pl. Très belles épreuves.

RODIN (A.)

178. Printemps (Loys Delteil 4). Belle épreuve.

RODIN (Par et d'après A.)

179. Figures de Femmes, pour le *Jardin des Supplices*, 10 lithographies (y compris un double). Belles épreuves d'*essai des planches de noir*.

180. Figure de Femme, lithographie pour le *Jardin des Supplices* (13). Belle épreuve d'*essai* sur chine.

181. V. Hugo, de face, héliogravure *signée* — Etude de femme (fac-simile Clot). Deux pièces.

ROEDEL (A.)

182. Fantaisie sur les Mois, 13 pl. dans le cart. de publ. (n° 42).

ROPS (F.)

183. La Femme à la fourrure debout — Ex-libris J. de Tinan — Pilier d'Eglise — La Barque — La Femme au trapèze. Cinq pièces. Belles épreuves.

184. Sujets divers et Vignettes, 19 pl. par et d'après Rops, plusieurs *imp. en couleurs*.

ROQUEPLAN C.)

185. Sujets divers, 22 pl. Très belles épreuves sur chine.

ROUSSEAUX (E.)

186. Sévigné (Mme de), d'ap. R. Nanteuil. Très belle épreuve sur chine, *numérotée*.

ROY (Ulysse)

187. La Journée d'une Parisienne, suite de 12 pl. (4 séries, dont deux sur japon, soit 48 pièces *imp. en couleurs*.

RUSSIE

188. Vues de St-Pétersbourg et de Moscou, 20 pl. in-fol. par Bachelier et Jacottet, *tirées sur teinte*.

SIMON (T. F.)

189. L'Abside de Notre-Dame, 1909. Belle épreuve, *imp. en couleurs*.

SOMM (Henry)

190. Sujets divers et Vignettes, 25 pl. plusieurs sur japon. Belles épreuves.

191. Sujets divers, 17 pl. (y compris des doubles).

192. Calendriers pour 1882, 1890 et 1891, 3 pl. (deux sur japon).

STEINLEN (Th. A.)

193. Misère. Très belle épreuve *signée* et *numérotée*.

194. La même estampe, *signée*.

TASSAERT (Octave)

195. Les Amants et les Époux. 7 pièces. Belles épreuves.

TISSOT (J. J.)

196. La Convalescente (H.B.1) Sept très belles épreuves (une de la planche biffée).

TOPFFER (R.)

197. Histoire de Mr Jabot, Paris, Caillet, 1860 — Histoire d'Albert, par Simon de Nantua. 2 vol. in-8 obl. cart.

VALLOTTON (F.)

198. Coins de Paris. Neuf pièces. Très belles épreuves.

199. Sujets divers, d'apr. Rembrandt, Millet, Dagnan-Bouveret, etc. Eaux-fortes originales, 75 pl. en divers états.

200. Paris intense, Joly édit. — 4 séries.

201. Scènes de la rue, baigneuses, masques, etc., 10 pl. et couverture.

VEBER (Jean)

202. Sujets divers. Sept pièces sur chine ou japon.

VIGNETTES

203. *Suite d'Estampes d'après Lancret, Pater... pour... les contes de La Fontaine*, par Depollier aîné — Paris, 1885. — Titre et 40 pl. (complet).

204. Portraits et scènes diverses, 82 pl. *av. l. l.* sur chine, pour les *Œuvres* de Chateaubriand, en 1 vol. in-4° cart.

205. Vignettes pour le *Colonel Chabert*, les *Contes* de La Fontaine, la *Famille Cardinal*, le *Neveu de Rameau*, *Paul et Virginie*, etc., 160 pièces. *Ce nº pourra être divisé.*

WALTNER (C. A.).

206. L'Amour et Psyché, d'apr. Baudry. Belle épreuve.

WHISTLER (M. N.)

207. Le Pont de Battersea — Drury Lane. Deux pièces. Belles épreuves.

208. Le Cordonnier. Belle épreuve.

209. La même pièce.

WILLETTE (Ad.)

210. Le Coucher de la Mariée. Superbe épreuve *avec remarque*, *sur parchemin*, *dédicace*.

211. Soir d'Amour. Deux très belles épreuves sur japon, une *tirée en bleu*.

212. *Nouvelles Chansons de Paul Delmet*, 17 pl. sur chine dans la couv. de publ. (nº 3).

213. La Vache enragée, 3 épr. — Le Vaporisateur, 2 épr. — Martyre chrétienne. Six pièces. Très belles épreuves.

214. Sujets divers, menus, adresses, programmes, 40 pièces.

WILLETTE — RŒDEL — VALTAT

215. Sujets divers, 10 pl. in-fol. la plupart *signées*.

216. Sous ce numéro il sera vendu des estampes en lots.

FRAZIER-SOYE

GRAVEUR-IMPRIMEUR

153-157, RUE MONTMARTRE

PARIS

www.ingramcontent.com/pod-product-compliance
Ingram Content Group UK Ltd.
Pitfield, Milton Keynes, MK11 3LW, UK
UKHW020537180726
13839UKWH00006B/2562